Réussir

le Marketing

de

son Livre

de

Patrick Degand

Table des matières

Introduction

Bravo, vous venez de terminer l'écriture de votre livre et maintenant vous allez passer à la phase de lancement.

Comme auteur auto-édité, vous êtes seul pour tout faire. Souvent l'écrivain se trouve démuni quand il a terminé d'écrire son livre et qu'il doit le confier à une plateforme en ligne pour en assurer la vente.

Le métier d'écrivain est totalement différent de celui d'éditeur et en tant qu'auteur auto-édité, vous êtes en fait votre propre éditeur.

Je suis passé par là. J'ai beaucoup lu, j'ai fait pas mal d'erreurs et surtout appris sur le tas. Dans ce livre, je voudrais faire part de mon expérience pour aider les auteurs auto-édités à réussir le lancement de leurs livres.

En tant qu'auteur, une fois votre livre terminé, vous découvrez que le travail commence. Votre responsabilité est de le corriger, de le peaufiner, de constituer une équipe de bêta-lecteurs et d'assurer son lancement.

Ce travail de marketing pur, beaucoup d'écrivains ne sont pas prêts à l'assumer et c'est la raison pour laquelle beaucoup de bons livres stagnent aux tréfonds des étagères virtuelles des plateformes d'impression.

L'objet de ce livre est d'apporter des solutions aux auteurs auto-édités pour que le lancement de leur livre ne soit pas une épreuve qui débouche sur un échec commercial.

La difficulté du lancement provient de deux facteurs .

Le premier est la différence fondamentale entre le travail d'écriture et les tâches de commercialisation d'un livre qui sont diamétralement opposées. L'un est création et l'autre est mise en avant d'un produit par une série d'actions concertées de promotion.

Le second est l'ignorance qu'a l'auteur de ce qu'il convient de faire pour sortir son livre de l'anonymat dans lequel il repose.

L'objet de ce livre est de vous décrire les tâches à réaliser pour que votre livre soit connu de son lectorat. Ces tâches, je vais vous les décrire une par une et surtout expliquer comment les mettre en œuvre pour que votre livre connaisse le succès qu'il mérite.

Probablement que certaines de ces tâches vont vous sembler ardues ou inutiles. C'est possible. Mais gardez bien à l'esprit que tout ne se fait pas en une fois. Je vous recommande de commencer par ce qui vous semble le plus facile ou le plus urgent à réaliser. Une fois que ces premières actions auront été réalisées, vous pourrez programmer la réalisation des autres.

Je vous souhaite une bonne lecture et surtout un lancement réussi par la suite.

Un livre abouti

La première étape dans le lancement d'un livre est le produit. En marketing, le produit est au centre de tout et dans le cas qui nous occupe, c'est votre livre.

Alors, c'est quoi un livre réussi ?

Dans la plupart des cas, la vente du livre se fera par internet. Donc le premier contact du client avec votre ouvrage sera la couverture. Il est donc important que votre couverture donne une série d'information en rapport avec votre livre.

Le client potentiel ne va pas passer une minute à examiner votre couverture. Elle doit donc informer, donner envie et être reconnaissable.

La couverture

Une couverture doit être attrayante pour retenir l'attention du lecteur potentiel. Elle doit lui parler, lui raconter quelque chose sur votre livre.

Je vous invite à examiner les couvertures de livres qui ont du succès sur Amazon. Pour chacun de ces livres, regardez les couvertures avec attention et analysez ce qu'elles vous disent. Les couvertures parlent avec le sujet, les couleurs, les arrière-plans, la typographie. Certaines sont simples, d'autres compliquées. Déterminez les codes du genre qui vous intéresse et retenez les pour réaliser votre couverture ou sinon faire un descriptif si vous en confiez la réalisation à un maquettiste.

Une couverture bien réalisée doit vous suggérer le genre du livre au premier coup d'œil.

Pour un **roman sentimental**, vous verrez souvent un ou deux personnages. L'arrière plan permet de situer l'époque. Généralement, les couleurs sont douces.

Les couvertures de **romans policiers** sont elles très sombres afin d'inspirer le mystère , le côté noir de l'intrigue. Éventuellement une touche de rouge va trancher comme un rappel du crime sous-jacent.

Un livre de **science-fiction** fera appel à un décor plus futuriste avec des couleurs dans les bleus pour simuler l'espace intersidéral.

Un livre **feel-good** aura souvent une couverture très simple avec des contrastes de couleurs.

Pour un livre de **Fantasy**, l'imagination doit transparaître dans la couverture et donner envie d'en savoir plus.

Et pour les livres de non-fiction (les guides sur un sujet précis), l'illustration de la couverture doit être en rapport avec le domaine du guide.

Vous allez me dire qu'en s'inspirant des couvertures réalisées par d'autres dans le même genre, toutes les couvertures vont finir par se ressembler. Je crois simplement qu'il n'y a pas de honte à s'inspirer de ce qui a donné de bons résultats.

Bien sûr, il ne faut pas copier une couverture existante. Gardons notre personnalité et notre créativité qui doivent rester notre marque distinctive.

Enfin dernier conseil, si les couvertures que vous réalisez ne vous plaisent pas - les logiciels de réalisation d'images sont difficiles à apprivoiser – n'hésitez pas à faire appel à un professionnel. Il n'y a rien de pire qu'une vilaine couverture pour rater son lancement de livre.

Le titre

Tout d'abord, le titre en lui-même est important. Le mieux est de penser en cours d'écriture aux titres qui pourraient le mieux représenter votre récit.

Notez-les car sinon au moment de devoir choisir, ils risquent de vous échapper.

Une méthode plus structurée consiste à prendre les thèmes de votre livre et d'y associer des mots. Les combinaisons de ceux-ci, peuvent donner naissance à un titre original et en rapport avec votre récit.

Il n'y a évidement pas de règles en la matière. Évitez de choisir un titre qui existe déjà. Il n'y a pas de copyright en matière de titres, mais cela crée de la confusion et dénote un manque de personnalité.

Si vous hésitez entre plusieurs titres, pourquoi ne pas interroger vos bêta-lecteurs.

La police

Choisissez une police, une taille de caractère et une couleur de titre qui permet de lire aisément le titre. Évitez à tout prix un titre illisible. Rappelez vous que sur internet, la couverture est une petite vignette lors de la recherche.

Pas trop grand, pas trop petit, une couleur qui tranche.

La couverture va aussi indiquer le nom de l'auteur. Les auteurs à succès ont tendance à mettre leur nom en grand. Si vous n'avez pas encore beaucoup publié, une taille de police légèrement plus petite est envisageable car ce n'est pas votre nom d'auteur qui va convaincre le lecteur potentiel.

La quatrième de couverture

On a parfois tendance à penser que la quatrième de couverture perd de l'importance puisque beaucoup de livres sont vendus en ligne.

Ce n'est pas faux, mais pensez que votre livre va vivre une fois qu'il aura été vendu. Son acquéreur va le prêter, va le montrer à un ami. Une fois que le livre est pris en main, la quatrième de couverture est un ambassadeur. Faites en sorte qu'il révèle le meilleur de lui-même.

Pensez aussi à vous présenter brièvement éventuellement avec une photo.

L'orthographe

Lors de la vente en ligne d'un livre, il est possible de lire un extrait de quelques pages. Cela permet de se faire une idée du style de l'auteur. Beaucoup d'acheteurs potentiels y ont recours.

A ce stade, des déficiences en matière d'orthographe, de ponctuation ou même de vocabulaire ou de tournures de phrases peuvent rebuter le lecteur.

Chacun a son avis sur l'importance de l'orthographe. Personnellement, je trouve qu'un livre truffé de fautes ne mérite pas d'être publié. Même si l'auteur n'est pas un expert en orthographe et règles grammaticales, il existe aujourd'hui des solutions pour détecter et corriger les fautes.

Essayez de trouver quelqu'un dans votre entourage qui peut vous aider, car souvent, il est difficile de détecter ses propres fautes.

A défaut, je vous conseille le logiciel Antidote. Alors par respect pour vos lecteurs, passez votre livre au crible.

La mise en page

C'est une des principales difficultés de l'auto édition. L'auteur en plus d'être écrivain doit faire le travail de A à Z en matière de publication.

On constate souvent que la mise en page de livres auto-publiés est négligée. Je vous conseille de prendre en main un livre que vous avez chez vous et dont la mise en page vous plaît.

Regardez-le attentivement et notez ce qui vous plaît dans sa présentation et inspirez-vous des solutions mises en œuvre par ma maison d'édition pour le réaliser.

- Faux titre (page de titre à l'intérieur du livre)
- Format du livre
- Police et espacement des chapitres
- Interligne
- Retrait des paragraphes
- Tailles des marges (gauche, droite, haute, basse)
- Début d'un chapitre sur une page de droite appelée belle page
- Photos et illustrations

- Table des matières

- Remerciements

- Pagination

- Autres livres de l'auteur

- Mentions légales

- …

Inspirez-vous de ce que vous aimez et réalisez un livre agréable à lire et dont vous serez fier.

L'importance des bêta-lecteurs

Les bêta-lecteurs sont un groupe de personnes à qui vous acceptez de confier votre livre avant sa publication. Le but est de leur soumettre votre livre pour qu'ils le commentent et apportent des pistes d'amélioration.

Essayez de leur donner un livre aussi travaillé que possible en terme de révision, d'orthographe, de mise en page …

Surtout, procurez à vos bêta-lecteurs, le livre sur un support papier, soit une épreuve ou au minimum une version imprimée, mais surtout jamais de version numérique. D'une part, la lecture papier est privilégiée par beaucoup de personnes et par ailleurs, sur une version papier, il y a moyen de prendre des notes, de facilement revenir en arrière pour vérifier un point.

Vos bêta-lecteurs doivent pouvoir s'exprimer en toute franchise et quelques soient leurs remarques, il est essentiel de les accepter. Cela ne veut pas dire que vous les prendrez toutes en compte.

Vos bêta-lecteurs peuvent faire des observations sur tous les aspects du récit : l'orthographe, les erreurs, les incohérences du récit, le style, des passages à revoir, les redites, …

Une grande complicité doit s'établir avec eux pour pouvoir discuter franchement. Mettez-les à l'aise et ne rejetez pas leurs suggestions. Au final, c'est toujours vous qui décidez d'amender votre récit.

*

Si vous suivez toutes ces étapes, vous avez les meilleures chances d'obtenir un livre abouti et qui peut donc être publié. En d'autres mots, prenez votre temps avant de lancer la publication de votre livre qui doit être tout simplement parfait à vos yeux. La réussite est à ce prix, alors mettez toutes les chances de votre côté.

Faire connaître son livre

Chaque jour, des milliers de livres sont publiés en auto-édition, mais aussi par des éditeurs professionnels. Tous ces livres sont des concurrents pour le votre.

Si vous ne faites rien, il est plus que probable que personne ne saura que votre livre existe et il restera présent sur les étagères virtuelles en train de prendre la poussière et de sombrer inexorablement dans les profondeurs des classements de lecture.

Et ça, c'est la pire chose qui puisse lui arriver. En effet quand un client potentiel fait une recherche sur Amazon par exemple, les livres qui sont proposés en premiers sont ceux qui se vendent, ceux qui correspondent le mieux à la recherche effectuée et ceux pour lesquels l'auteur ou l'éditeur fait de la publicité.

Alors me direz-vous, il faut faire de la publicité ? Nous y reviendrons. Il faut surtout que l'on sache que votre livre existe. Avant d'examiner comment le faire connaître, je voudrais surtout vous convaincre que parler et mettre en avant votre livre est primordial. Sans cela, il risque de ne pas être connu.

Quels sont les moyens de faire connaître son livre ?

- Être présent sur les réseaux sociaux

- Faire de la publicité

- Avoir un blog d'auteur

- Avoir une liste de personnes intéressées

- Organiser des concours

- Contacter des blogueurs et des critiques littéraires

- Écrire d'autres livres

Je reviendrai par la suite sur chacun de ces sujets qui nécessite un développement particulier.

Peut-être que le nombre d'actions à entreprendre et leur disparité est de nature à vous décourager. Je tiens à vous rassurer. Tout ne doit pas être entrepris en une fois. Il s'agit d'une trame à construire au fil du temps et chaque sujet constitue un apport qui renforce les actions entreprises auparavant.

Définir son public cible

En fonction du type de livre que vous avez écrit , du genre et de votre style d'écriture, il est essentiel de déterminer quel est votre public cible : jeunes, adultes, hommes femmes, professionnels, loisirs, amateurs de policiers, ...

Une fois que vous avez défini les lecteurs potentiels pour votre ouvrage, il reste à déterminer leurs habitudes de lecture, les plateformes qu'ils fréquentent.

Ces caractéristiques vont déterminer le choix des réseaux sociaux pour la communication vers votre public privilégié.

Le contenu de la communication sera aussi adapté à votre public.

La présence sur les réseaux sociaux.

Être présent sur les réseaux sociaux donne aussi de la visibilité à votre activité et à vos publications.

Il y a de nombreux réseaux sociaux et chacun choisira en fonction de ses intérêts et cercles de connaissances.

Facebook et ses pages dédiées est certainement un choix intéressant, mais les plus jeunes préféreront sans doute Pinterest. Il y a des possibilités de créer une chaîne professionnelle sur What's App.

Le tout est d'avoir un ou deux réseaux sur lequel vous assurez une présence et une activité.

La façon d'interagir doit être adaptée au support et à votre public cible.

Évitez les posts du type « *Voici mon nouveau livre. Suivez le lien pour l'acheter* ». Cela ne donnera rien.

Les interactions qui fonctionnent sont celles où vous participez à des échanges avec d'autres. Il convient d'être positif, de répondre aux demandes des autres en donnant des conseils. Au fil du temps, vous vous ferez connaître comme un interlocuteur avisé et à l'écoute. A ce moment là, vous pouvez parler de votre prochain lancement en demandant des conseils. Par exemple, proposer deux couvertures et demander celle qui plaît le plus. Si on vous pose des questions, donnez le pitch de votre livre.

Si vous faites une promotion temporaire, annoncez la. De même si vous organisez un concours, faites-en part. Il faut toujours qu'il y ait un bénéfice pour le groupe auquel vous participez. Vous recevrez autant que vous donnerez.

L'essentiel sur les réseaux est de toujours rester positif et d'apparaître comme quelqu'un de collaboratif. Ne jamais se prendre la tête avec les autres. Si par malheur, vous êtes entraîné dans une discussion qui dégénère, le mieux est de laisser tomber

Faire de la publicité

La publicité peut sembler un domaine plus technique et de ce fait compliqué à mettre en œuvre. Ce n'est pourtant pas si difficile que cela et avec un petit investissement en temps, il y a moyen d'en retirer des gros bénéfices.

Dès le premier mois où j'ai débuté avec la publicité, j'ai doublé le volume de mes ventes et cela de façon rentable. Oui, vous lisez bien, la publicité représente la moitié de mes ventes.

Il y a deux moyens de faire de la publicité : soit avec Facebook, soit avec Amazon Advertising.

Je n'ai pas essayé avec Facebook, car cela me semble moins intéressant. Vous payez au nombre de contacts sans savoir si la personne est intéressée par votre livre. La cible me semble donc mal ajustée.

Par contre sur Amazon Ads, la couverture de votre livre apparaît quand un internaute fait une recherche en rapport avec les éléments – genre de livre, mots clés, catégories … - que vous avez déterminé dans votre publicité. A ce stade, la publicité est toujours gratuite. Ce n'est que si l'internaute clique sur votre couverture que la publicité devient payante. S'il achète votre livre, Bingo vous toucherez la redevance du livre.

Si vous êtes intéressé par la publicité, j'ai écrit un livre sur le sujet qui vous explique en détail les différents types de publicités – automatique, par catégorie, par mots clés - , comment créer une campagne et en faire le suivi.

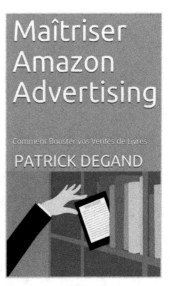

Ce livre vous permettra de ne pas faire les erreurs inhérentes au démarrage d'une activité nouvelle et de lancer vous aussi des campagnes publicitaires rentables. **Booster ses ventes avec Amazon Advertising** ASIN : B08R41PFH6 .

La publicité présente aussi d'autres avantages, car l'augmentation des ventes améliore votre classement et par conséquent votre livre apparaît plus haut dans les recherches faites par les internautes.

Quel budget pour la publicité ?

On considère généralement qu'il faut dix clics pour faire une vente. Si vous restez avec des niveaux d'enchères de maximum six cents, cela signifie que vous paierez moins de soixante cents pour obtenir une vente grâce à la publicité Amazon.

Mes redevances tournent en général à l'entour de 3,00€. Donc chaque vente publicitaire rapporte 2,40€ pour un investissement de 60 cents.

Ce calcul, vous pouvez le faire chaque mois pour chacune de vos campagnes. Si vous n'atteignez pas un niveau de rentabilité, vous pouvez diminuer le niveau d'enchères ou supprimer les mots clés trop chers par rapport aux ventes générées ou encore carrément arrêter la campagne.

Choisir un prix attractif

Déterminer le prix

J'ai remarqué que la détermination du prix au lancement du livre est une question qui revient souvent sur les forums relatifs à l'auto édition.

Tout d'abord, il convient de se démarquer des prix pratiqués par les maisons d'édition. Ces sociétés ont des structures lourdes avec des comités de lecture, des correcteurs. Ils assurent toutes une série de tâches pour l'auteur : la correction, la mise en page, l'impression, la publicité, la rémunération de l'auteur, la distribution …

Vous, en tant qu'auteur auto-édité, vous n'avez pas tous ces frais, mais vous devez assurer ce travail tout seul ou en sous-traiter une partie. C'est une charge de travail, mais aussi un avantage.

Certains auteurs auto-édités comme ils font tout le travail veulent une grosse rémunération et positionnent le prix de leur livre haut au même niveau qu'une maison d'édition D'autres au contraire, trouvent un prix médian pour se faire connaître et espèrent ainsi faire plus de volume.

Je suis convaincu que pour réussir un lancement, il faut parvenir à vendre rapidement et par conséquent la stratégie du prix plus étudié est à privilégier. Un prix étudié ne veut pas dire un prix bradé.

Je vous expose ci-dessous comment déterminer un prix de démarrage.

Faites une recherche sur Amazon qui reste le canal de distribution principal pour les livres d'auteurs auto édités. Dans cette recherche, indiquez le genre le plus caractéristique de votre livre. Faites la recherche séparément pour le livre numérique - Boutique Kindle – et pour le livre papier - Livres .

Notez chaque prix de livre qui correspond au votre pour un nombre similaire de pages et qui ne sont pas des livres de maison d'édition. Essayez d'en relever une trentaine et classez les prix par ordre croissant. Je recommande de se positionner au tiers inférieur des prix relevés. Cela nous amène souvent à des redevances entre 1,60 et 2,00€ pour les livres brochés. J'ai utilisé cette méthode avec succès par le passé et ensuite, une fois la période de lancement terminée, j'ai progressivement remonté le prix.

En ce qui concerne les livres numériques, l'attrait en France semble encore assez mitigé pour la lecture sur support numérique. Je choisis donc de positionner les e-books entre

2,69 et 3,49 € selon le nombre de pages. A ce niveau de prix, vous recevez une redevance de 70 % soit entre 1,75 et 2,25 €.

J'ai parfois essayé de positionner le prix de l'e-book à 0,99€ - redevance de 35 % - en espérant voir les ventes décoller sous l'effet de la baisse de prix. Sans aucun succès. Je vous conseille donc de rester dans la tranche de prix au-dessus de 2,69 € qui permet d'obtenir la redevance de 70 %.

Offrir son livre

Amazon donne la possibilité d'offrir gratuitement son ebook pour autant qu'il soit affilié au programme Kindle Select.

Certains auteurs se laissent tenter par ce type de promotion dans l'espoir d'obtenir de la notoriété et des commentaires positifs.

Je vous déconseille de recourir à ces offres gratuites.

Tout d'abord, parce qui est gratuit n'a pas de valeur. En fait vous discréditez votre livre en l'offrant gratuitement. Vous ratez sans doute quelques ventes de personnes qui auraient été intéressées à l'acheter.

Quant aux avis, la plupart des gens qui auront téléchargé votre livre ne le liront même pas et ne laisseront par conséquent aucun avis.

Publication différée

Amazon offre la possibilité d'une publication différée. Pendant cette période, le public peut commander le livre, mais il ne sera envoyé qu'au terme de la période de précommande.

Quel est l'intérêt de cette période d'attente ?

Cela permet sans doute de générer un effet d'annonce et de chauffer son lectorat. Ce style de teasing me semble faire partie d'un phénomène de mode où l'attente et le fait d'être le premier à disposer du livre présente un attrait pour le public intéressé.

Cela a peut-être du sens pour des auteurs très connus pour lesquels la sortie d'une nouveauté justifie le phénomène d'attente. Par contre dans le secteur de l'auto-édition, j'ai du mal à me représenter l'intérêt de ce type d'action qui à part flatter l'égo de l'auteur n'a pas beaucoup de sens.

Construire sa crédibilité d'auteur

Tout auteur a besoin d'une crédibilité pour être reconnu par son lectorat.

C'est deux fois plus vrai pour un auteur auto-édité.

En effet, un auteur édité par une maison d'édition a été reconnu par celle-ci par son comité de lecture et a été sélectionné pour faire partie des auteurs publiés. En d'autres mots, une maison d'édition a cru en lui et investit pour le publier.

Pourtant, je me demande si cela est tout à fait vrai. Mais ce qui compte c'est la crédibilité que lui accorde le public, du moins celui qui lit.

Alors comment obtenir cette crédibilité quand on est un auteur auto-édité?

Écrire plusieurs livres

La première façon est certainement d'écrire plusieurs livres. Un livre en auto-édition, cela ne représente qu'un effort qui a abouti. Un deuxième livre et a fortiori un troisième place l'écrivain dans une catégorie d'auteurs qui persévèrent, qui ont des histoires à raconter et qui veulent recommencer. Vous vous positionnez aussi comme un écrivain qui retire de la satisfaction de son travail.

De plus comme dans tout métier, on ne peut nier qu'il y a un effet d'expérience qui joue. On n'écrit pas un deuxième livre comme le premier. Le premier est une découverte, une expérience inédite, un espoir que l'on n'est pas sûr de voir arriver à terme. Les suivants sont en principe, plus faciles à écrire car il y a toute une série d'obstacles que l'on a déjà surmontés.

Je ne sais comment les lecteurs ressentent cela, mais il est sûr qu'un auteur de plusieurs livres rassure son lectorat.

Cela ne suffit pas, mais c'est un premier pas.

Obtenir des évaluations

Sur toutes les plateformes, les lecteurs peuvent laisser des évaluations.

Sur Amazon, celles-ci prennent la forme d'évaluations avec un commentaire et un nombre d'étoiles allant de 1 à 5. Il est possible aussi de laisser des « reviews » uniquement sous forme d'étoiles.

L'ensemble de ces évaluations forment une note qui n'est pas une moyenne arithmétique des cotes données. La façon dont ces notes s'articulent n'est pas clair et fait partie d'un algorithme d'Amazon basé sur l'ancienneté et d'autres critères peu transparents.

Ces évaluations ne sont pas déterminantes pour qu'un auteur soit reconnu ou non, mais il est certain que de bonnes notes et un nombre important d'évaluations sont favorables aux yeux de certains clients.

Certains livres reçoivent manifestement des évaluations trop nombreuses en très peu de temps pour être réelles. Pourtant, Amazon prétend vérifier la véracité des évaluations et empêcher les évaluations de complaisance. Chacun trouvera sa vérité.

Il est certain que des avis positifs sont importants pour asseoir la crédibilité d'un auteur, mais qu'il ne faut pas s'alarmer en cas d'une note négative.

En cas de note négative, examinez la objectivement. Si elle est justifiée, le mieux est d'apporter la correction suggérée à votre livre.

Si vous la trouvez injustifiée, oubliez la. Dites vous bien que l'on ne peut pas plaire à tout le monde.

Ne perdez surtout pas votre temps à écrire à Amazon pour tenter de faire supprimer la note. En dehors des avis calomnieux, Amazon privilégie toujours l'approche client et ne retire pas les avis publiés.

Réaliser un blog

Construire un blog d'auteur est un moyen très efficace pour améliorer sa notoriété. L'inconvénient est qu'il faut prendre un peu de temps pour apprendre à construire le blog.

Cette difficulté rebute beaucoup d'auteur. Pourtant, une fois le blog constitué, il ne restera plus qu'à l'alimenter régulièrement pour le rendre vivant et attractif. Il est à noter que ce travail de réalisation de contenu est très proche du travail d'écrivain et donc devrait plaire aux auteurs que nous sommes.

Comment réaliser un blog

En fait, ce n'est pas très compliqué. Il existe sur internet des tas d'explications en ligne sur la façon de procéder. Dès le départ, vous êtes pris en charge et les explications sont données au fur et à mesure.

Je vous conseille de démarrer sur Wordpress qui est recommandé pour sa convivialité et son design personnalisable.

Un blog sur Wordpress est gratuit et il existe beaucoup d'add-on – petits programmes déjà écrits qui vous facilitent la vie.

Si la création d'un blog vous effraie, cherchez dans votre entourage. Beaucoup de jeunes réalisent cela avec une facilité qui va vous déconcerter.

A défaut, vous pouvez aussi faire appel à un sous-traitant en lui expliquant ce que vous souhaitez obtenir.

Alimenter son blog

Écrire régulièrement sur son blog est la deuxième étape à réaliser.

Vous conviendrez que pour un auteur, ce n'est pas le plus difficile. Racontez ce que vous vivez, les difficultés comme les satisfactions. Décrivez vos romans, publiez des extraits des romans en cours, donnez des conseils d'écriture.

Vous pouvez aussi parler – je dis bien parler car même si un blog est écrit, le style est direct comme dans une conversation – de vos dernières lectures.

Ce qui compte c'est la régularité de parution, l'idéal étant une fois par semaine ce qui contribue à un bob référencement du blog.

Ouvrez aussi vos articles aux commentaires, ce qui rend le blog interactif. Répondez aussi aux commentaires, parfois un simple merci ou une vraie réponse dans le cas d'une question.

Pensez aussi à créer des liens entre les articles dans votre blog. C'est très facile à faire et cela maintient le lecteur sur votre blog et améliore son référencement.

Constituer une liste d'abonnés

La richesse du blog est dans la notoriété et la visibilité qu'il donne à l'auteur et à ses livres.

Obtenir les adresses mail des abonnés est intéressant car cette liste vous permettra d'entrer en contact avec eux par la suite. Par exemple pour leur annoncer la sortie d'un nouveau livre à un prix promotionnel ou un concours ou même pour leur demander un avis sur le choix d'une couverture.

Les abonnés adorent être privilégiés et impliqués dans votre processus d'écriture. Ils vous donneront aussi des commentaires plus facilement si vous les choyez.

Donc ajoutez un add-on qui donne la possibilité aux personnes intéressées de laisser leur adresse pour être tenues au courant prioritairement de la vie du blog et des nouvelles parutions.

De la vente sur son blog

La vente de livre sur son blog est aussi possible.

Dans le cas d'un e-book, c'est assez facile à réaliser. Veillez cependant à livrer un fichier epub pour éviter le piratage toujours possible avec d'autres formats comme un pdf.

L'avantage est d'obtenir une marge de près de 95 % au lieu des 70 % d'Amazon.

Pour la vente de livre papier, prenez en compte qu'il faudra les emballer, les affranchir et vous rendre au bureau de poste. Le travail supplémentaire n'en vaut probablement pas la peine.

Par contre cela permet d'ajouter une dédicace ou un petit cadeau comme un marque page. Ce type d'attention est apprécié d'une frange de lecteurs.

Utiliser Amazon à votre profit

Bien connaître les subtilités d'Amazon et les utiliser est indispensable pour que les internautes trouvent votre livre lors de leurs recherches.

Les mots-clés

Ici, je parle des mots-clés que vous renseignez sur la première page des méta-données lorsque vous inscrivez votre livre dans KDP. Ne les confondez pas avec les mots-clés qui peuvent être utilisés dans la publicité d'Amazon Advertising.

Ces mots-clés sont au nombre de sept. Vous pouvez renseigner des mots, mais aussi des expressions. Les expressions fonctionnent mieux. Si vous avez écrit un livre sur l'éducation du chien, au lieu de mettre Chien / Dressage / Éducation / Comportement /... utilisez plutôt des expressions Dressage chien / éducation canine / comportement du chien / obéissance canine / Jeux chiens / ...

Vous pouvez tester ces mots clés en les inscrivant dans la barre de recherche d'Amazon dans la rubrique livres pour voir ceux qui marchent le mieux et délivrent les livres les plus vendus.

Catégories

Sur la première page des métadonnées, vous devez aussi choisir trois rubriques. Souvent quand on arrive à cette case, le choix à faire n'est pas facile car l'ordonnancement des rubriques est assez farfelu.

Je vous conseille de regarder les livres les mieux vendus dans le genre du votre et d'examiner les catégories où ils sont classés. Prenez les mêmes si elles vous semblent cohérentes.

Prenez du temps pour choisir vos mots-clés et vos rubriques car elles sont déterminantes dans les résultats de recherche des internautes.

Promotion

Amazon propose des jours de promotion de vos e-books à un prix de 0€. Quand on débute sur Amazon, on pense que ce type de promotion sera avantageux pour faire connaître son livre et obtenir des évaluations.

Il n'en est rien. Vous obtiendrez sans doute quelques téléchargement, mais ceux-ci ne comptent pas pour le classement des ventes. Les personnes qui téléchargent ne lisent même pas votre livre et laisseront encore moins d'évaluations.

Surtout évitez les promotions à 0€ qui ne rapportent rien et à la limite vous feront perdre des ventes normales.

Exclusivité Amazon

La question à se poser est celle de l'exclusivité d'Amazon.

Autant, je trouve qu'Amazon est une plateforme incontournable en raison de son succès et de la qualité de ses prestations, il faut cependant admettre que vendre vos livres sur d'autres plateformes a du sens car certaines personnes ne veulent pas passer par Amazon et en vertu du principe que les petits ruisseaux font les grandes rivières.

Pour les livres papier, je n'hésiterais pas à passer par d'autres canaux.

En ce qui concerne les livres numériques, la question se pose en d'autres termes.

Vous avez certainement entendu parler du programme Kindle Unlimited qui est un abonnement payant souscrit par certains client d'Amazon et qui leur donne droit à lire les livres numériques inscrit à Kindle Select. C'est vous l'auteur qui décidez si votre livre est inscrit à Kindle Select. En cas de lecture de votre livre dans le cadre du programme Kindle

Unlimited vous touchez une redevance par page lue (+- 1€ pour 300 pages).

L'inscription à Kindle Select implique l'exclusivité de votre e-book sur KDP Amazon.

Au lancement de votre livre, Kindle Select peut vous aider pour vous faire connaître et améliorer votre classement des ventes. L'inscription est pour trois mois, après chacun décide en fonction de sa sensibilité.

Salons Librairies Bibliothèques

Jusqu'à présent, nous avons parlé d'actions à entreprendre sur le livre et sur les moyens de communication en ligne.

Abordons maintenant la phase de promotion active de votre livre. Je vous propose de vous rendre dans les lieux où l'on rencontre des lecteurs afin de les rencontrer et éventuellement de leur parler de vos livres

Les salons du livre

Beaucoup de villes et de municipalités organisent des salons du livre. C'est une opportunité de rencontrer des lecteurs, de prendre le temps de parler avec eux et de vous faire connaître.

Il est important d'aimer le contact et de pouvoir l'établir facilement. Préparez vos présentations, mais sans avoir l'air bien sûr de réciter un texte appris par cœur.

Il faut un peu de matériel : bien sûr des livres à vendre, un carnet pour noter des coordonnées (mail, adresses, téléphones), des cartes de visite à distribuer avec l'adresse de votre blog, quelques marques pages à offrir avec les livres.

N'oubliez pas votre bouteille d'eau, de quoi manger si me salon dure toute la journée.

Un salon, c'est aussi l'occasion de rencontrer d'autres auteurs, de partager ses difficultés, d'échanger des trucs et astuces, de proposer des liens réciproques sur les sites informatiques.

Sur un salon, vous avez besoin d'emporter avec vous des livres à vendre. Si vous voulez les commander sur Amazon, tenez compte que les commandes pour la vente sont toujours prioritaires par rapport à celles pour les impressions de livres d'auteur. Prenez-vous y plusieurs semaines à l'avance pour être sûr d'avoir vos exemplaires à temps.

Les librairies

En librairies, vous pouvez proposer de déposer quelques livres moyennant une commission laissée au libraire en cas de vente.

Cela demande une démarche dans chaque librairie, de convaincre le libraire, de laisser les livres en dépôt, d'avoir un contrat de consignation, de repasser par la suite pour connaître les ventes éventuelles, de faire une facture...

Ces démarches sont fastidieuses. Généralement, le libraire demande une commission de 30 %.

C'est l'occasion aussi de proposer au libraire de proposer une séance de dédicace. Les librairies qui tentent de développer ce type de service sont de plus en plus nombreuses.

Pour que la démarche auprès du libraire soit efficace, je vous conseille de la préparer. Pensez à rédiger un document de présentation de votre livre que vous pourrez laisser au libraire avec votre livre. Vous y indiquez le titre du livre, un résumé, le genre et bien sûr, vos coordonnées pour qu'il puisse vous rappeler.

Proposez une séance de dédicaces pour commencer. Faites-le savoir par les réseaux sociaux, une affiche à la librairie, à la mairie, à la bibliothèque de votre village.

Soyez sûr d'avoir vos livres en quantité suffisante avant la séance. N'oubliez pas que les exemplaires auteurs mettent plus de temps avant d'être expédiés.

Si la séance se passe bien, proposez au libraire de garder les exemplaires restants en dépôt.

Les bibliothèques

Pensez aussi à proposer votre livre dans les bibliothèques. Ils sont généralement intéressés surtout avec des auteurs de leur région.

Offrir votre livre à une bibliothèque est aussi une façon de se faire connaître et de favoriser le bouche à oreille.

Certaines bibliothèques proposent aussi de réaliser des séances de dédicaces voir de présentation du livre.

Collaborer avec les blogueurs littéraires

Les blogueurs littéraires sont des personnes qui tiennent un site sur lesquels ils publient des avis sur des livres. Ils peuvent ainsi être une formidable caisse de résonance pour votre livre.

Comment les trouver ?

Les réseaux sociaux sont utiles pour entrer en contact avec les blogueurs littéraires. Faites des recherches avec les mots « influenceur littéraire », « blog littéraire », « critique de livres » …

Tous les blogs ne se valent pas. Essayez de les évaluer en fonction des critiques émises, ils ont parfois tendance à se spécialiser dans un genre littéraire. Analysez leur audience et le contenu de leurs sites. Trouvez celui ou ceux qui se rapprochent le mieux du genre dans lequel vous écrivez.

Comment les contacter ?

Tout d'abord, regardez sur le site de l'influenceur, le canal qu'il privilégie pour être contacté. Bien entendu soyez clair et poli dans votre approche de la personne.

Expliquez de façon concise qui vous êtes, ce que vous faites et l'attente que vous avez de sa part : une revue de livre, une interview, une collaboration ...

Montrez que vous appréciez son travail et avez visité son site. Si l'influenceur vous pose une question, répondez à sa demande de façon précise et sans délai.

Une fois la collaboration terminée, remerciez la personne pour son aide.

Le dossier presse

Le dossier de presse est un outil clé dans le marketing d'un livre. Il sert à informer et convaincre les journalistes, blogueurs, influenceurs et autres professionnels des médias de l'intérêt du livre, en leur fournissant toutes les informations pertinentes pour en parler ou l'inclure dans leurs publications.

Rôle d'un dossier de presse pour un livre

- Accroître la visibilité du livre : Il centralise toutes les informations essentielles (résumé, auteur, critiques, etc.) pour encourager les médias à couvrir le livre.
- Informer et convaincre : Il présente le livre sous son meilleur jour en soulignant son originalité, ses points forts, ses éventuels thèmes d'actualité ou son lien avec des tendances culturelles.
- Faciliter la couverture médiatique : En mettant à disposition un résumé, des extraits, des photos et

des informations sur l'auteur, il simplifie le travail des journalistes et augmente la probabilité de retombées médiatiques.

Contenu d'un dossier de presse pour un livre :

- Page de couverture :
  - Titre du livre
  - Nom de l'auteur
  - Image de la couverture du livre
  - Coordonnées de la personne de contact
- Présentation du livre :
  - Résumé : Une présentation succincte et accrocheuse du livre (synopsis).
  - Genre et public cible : Indiquez à quel type de lecteurs s'adresse le livre (jeunesse, adultes, amateurs de science-fiction, etc.).
- Biographie de l'auteur :
  - Présentation de l'auteur, son parcours, ses publications précédentes, prix ou distinctions éventuels.
- Extraits du livre :
  - Un ou deux extraits clés pour donner un aperçu du style et du contenu.
- Avis et critiques (si disponibles) :

- Citations de critiques ou d'avis de lecteurs notoires (presse, blogueurs, etc.).
- Informations pratiques :
  - Date de sortie du livre
  - Format (papier, ebook, audio)
  - ISBN, prix
  - Disponibilité (librairies, plateformes en ligne)
- Visuels :
  - Image de couverture en haute résolution
  - Photos de l'auteur (si disponibles)

Diffusion du dossier

Le dossier presse est envoyé aux journalistes littéraires ciblés.

Un bon dossier de presse peut grandement faciliter la couverture médiatique d'un livre et participer à son succès.

Les erreurs à ne pas faire

Les auteurs, surtout à leur début sont impatients. Voici une liste d'erreurs à ne pas commettre :

- Publier un livre qui est encore perfectible,

- Avoir une couverture insipide,

- Positionner le livre à un niveau de prix trop élevé au départ,

- Ne publier que la version numérique ou la version papier,

- Ne pas soigner la mise en page du livre,

- Publier le livre et ne faire aucun effort promotionnel au lancement,

- Traduire son livre avec un logiciel de traduction,

- Ne pas faire de publicité dès le lancement,

- Remettre les actions de lancement à plus tard,

- Négliger ses rubriques et ses mots-clés,

- Ne pas avoir de site auteur et ne pas constituer une liste d'adresses e-mail.

Et si vous avez raté votre lancement

Je ne vous le souhaite pas. Mais parfois, il arrive que l'on ait publié sans savoir ce qu'il convenait de faire et vous vous retrouvez avec un livre au quel vous prévoyiez un futur plein de promesses et qui ne vous laisse que des désillusions.

Alors, est-ce irrémédiable ?

Certainement pas. Vous avez perdu la première bataille, mais personne ne le sait.

C'est le moment pour recommencer, mais cette fois vous n'avez plus droit à l'erreur. Reprenez tout depuis le début.

Examinez sans intransigeance votre livre. Si vous lui trouvez des lacunes, dépubliez-le et améliorez le contenu et sa présentation.

S'il n'est pas passé par un comité de bêta-lecteurs, pourquoi ne pas en constituer un et recommencer cette étape cruciale où d'autres jettent un regard neuf et sans complaisance sur votre livre. Souvent l'auteur n'a pas le recul nécessaire pour juger sereinement ce qu'il a produit.

Et tant que vous y êtes, demandez leur de donner un avis sur la couverture.

En parallèle au travail du comité de lecture, pensez à lancer un blog auteur. Vous avez certainement de la matière pour l'alimenter.

C'est le moment aussi pour affirmer votre présence sur les réseaux sociaux.

N'oubliez pas de réfléchir à la question du prix de votre livre.

Conclusion

Nous voici arrivés à la fin de cette présentation des actions à entreprendre pour réussir le lancement de votre livre.

Le travail à accomplir peut vous sembler important. On ne vous demande pas de tout faire en une fois. D'ailleurs beaucoup de tâches se font en amont de la publication, notamment celles qui ont trait à la finition du livre.

D'autres peuvent être réalisées en parallèle du travail du comité des bêta-lecteurs. Je pense ici à la réalisation du site d'auteur ou de participation sur les réseaux sociaux.

Et si vraiment certaines tâches vous semblent au-dessus de vos possibilités, pourquoi ne pas chercher dans votre entourage une personne qui pourrait s'en acquitter. Par exemple la réalisation du blog.

A défaut, il reste toujours la possibilité de la sous-traitance.

L'important, c'est de se faire un planning de réalisation et de commencer par les tâches les plus simples et les plus faciles à mettre en œuvre.

Et enfin, n'oubliez pas de réserver du temps à votre passion pour l'écriture car la publication d'un deuxième ou d'un troisième roman contribue aussi à vous faire connaître comme un auteur.

Autres Livres de Patrick Degand

Publier sur KDP Amazon
ASIN : B09QXQ8XWD

Maîtriser Amazon Advertising : comment booster vos ventes de livres
ASIN : B08R41PFH6

Trouver les bons mots-clés pour la vente de vos livres
ASIN : B0BNP8X1NZ

L'Intelligence Artificielle au Service des Auteurs
ASIN : B0DG9VLBM7

Si ce livre vous a plu, pensez à laisser une appréciation sur le site d'Amazon.

Le plus grand soin a été apporté à ce livre. Si vous constatez des erreurs ou des améliorations à y apporter, n'hésitez pas à contacter l'auteur à l'adresse apilou20@gmail.com. Je reste à votre disposition pour tout renseignement complémentaire.

ISBN 9798343943276

www.ingramcontent.com/pod-product-compliance
Lightning Source LLC
LaVergne TN
LVHW051749050326
832903LV00029B/2813